Col.lecció escolar "tic-tac"

Autora: R.N.Martí
Il·lustració: J.X.Sabaté

ISBN: 978-84-7887-467-5
D.L.: T-1374-05

Sol, Solet...

Autora: R.N.Martí

Il·lustració: J.X.Sabaté

A la tardor els animals recullen
menjar per a l'hivern.

De camí cap a casa, un ocell
perd una llavor.

La llavor queda adormida,
colgada a la terra.

La pluja i el vent fan que la llavor
se salvi del fred.

S'acaba l'hivern i els animals
surten dels seus caus.

Les plantes i les flors es desperten.

Aquella llavor es mou
i en surt una flor alta i prima.

És una flor groga que mira el Sol.

És rodona i alegre; i s'en diu:
Gira-sol.

El gira-sol és un dormilec:
quan es pon el Sol, s'adorm.

Si hi ha núvols i el Sol no surt,
el gira-sol no es desperta.

Les altres flors se n'estranyen
que dormi tant.

El gira-sol els explica que té llavors
que necessiten la claror del Sol.

El Sol és qui fa madurar les llavors.

Les llavors del gira-sol agraden als nens,
a les nenes, als animals del camp...

El gira-sol està content !
I hom recull les seves llavors.